Hannelore Blohm

Lauter süße Sachen

Desserts, Eis und Aufläufe

MOEWIG

Impressum

Fotos im Innenteil:
Food Redaktion, Verlagsgruppe Heinrich Bauer (S. 9, 13, 17, 21, 23, 41, 53, 57, 93)
Studio Teubner (S. 29, 79)
Info Bananen (S. 11)
Komplett-Büro, München (S. 81)
Neuseeland-Kiwi (S. 37, 87, 91)
Schwartauer Werke (S. 55, 61, 89)
Honig-Verband, Bremen (S. 25, 27, 31, 33, 35, 49, 65)
Informations-Centrale Eiskrem (S. 43, 45, 47, 77, 83)
Eschenbach Porzellan (S. 71)
C.B.T.-Hollandgemüse (S. 7)
Informationsbüro Sherry/Dr. Muth PR, Hamburg (S. 39)
CMA (S. 15, 73, 85)
Müller, Aretsried (S. 51, 59, 63, 69, 75)
Union Deutsche Lebensmittelwerke (S. 19)
Sopexa (S. 67)

Originalausgabe

Redaktion: Hannelore Blohm
Umschlagentwurf und -gestaltung: Werbeagentur Zeuner, Ettlingen
Umschlagfoto: Food Redaktion, Verlagsgruppe Heinrich Bauer
Auslieferung in Österreich: Pressegroßvertrieb Salzburg Gesellschaft m.b.H., Niederalm 300, A-5081 Anif
Printed in Germany 1989
Druck und Bindung: Mohndruck Graphische Betriebe GmbH, Gütersloh
ISBN 3-8118-1132-0

Grießpudding mit Er

Zutaten:
½ l Milch
1 unbehandelte Zitrone
1 Päckchen Grießpudding (Instant, gezuckert)
½ TL Vanille-Aroma
500 g Erdbeeren
2 EL Orangenlikör
1 Vanillin-Zucker
30 g Zartbitter-Schokolade
25 g gehackte Pistazien

Milch aufkochen und vom Herd nehmen. Zitrone abspülen, trockenreiben und die Schale abraspeln. Grieß-

puddingpulver, Vanille-Aroma und die Zitronenschale einrühren. 1 Minute weiterrühren. In eine mit kaltem Wasser ausgespülte Puddingform füllen und danach auskühlen lassen.

Erdbeeren abspülen, putzen und vierteln. Orangenlikör und Vanillin-Zucker zugeben, mischen und kurz durchziehen lassen. Die Schokolade hacken. Grießpudding vom Formrand lösen, auf einen Teller stürzen, Erdbeeren rundherum anrichten. Mit der gehackten Schokolade und den Pistazien bestreuen.

Zubereitungszeit 30 Minuten

Appetit auf Süßes?

Was wäre denn ein Menü ohne den krönenden Abschluß, das Dessert? Was wäre denn ein strahlender Sommersonnentag mit blitzblauem Himmel ohne eine Riesen-Portion Eis? Auf dem Balkon oder im Garten unterm Sonnenschirm gelöffelt? Und was wäre ein Leben ohne die süßen Aufläufe, die von Zeit zu Zeit als Hauptgericht serviert und mit großem Vergnügen verputzt werden? Aufläufe aus Teig mit süßen Früchten und mit Nüssen, aus Quarkmasse oder aus Biskuit, die schmelzend auf der Zunge zergehen. Das herzhafte Süppchen, das wir dann meistens vorweg reichen, ist eigentlich nur eine Rechtfertigung dafür, daß es »nur« Süßes gibt. Denn Süßes gilt bei vielen als ungesund. Zu Unrecht. Denn Süßspeisen – egal welche – liefern wie alle herzhaften Gerichte Vitamine, Mineralstoffe, Kohlenhydrate, Eiweiß und leicht verdauliches Fett. Enthalten in Milch und Sahne, Quark und Frischkäse, Obst und natürlich auch in Zucker. Zutaten also, die zu einer ausgewogenen Mischkost gehören. Auch Zucker, wenn er nicht in Mengen verbraucht wird. Grund genug, sich von unserer Süßspeisen-Großauswahl verführen zu lassen. Schon die Fotos werden Ihnen den Mund wäßrig machen. Genießen Sie, schlemmen Sie und denken Sie daran: Ohne Süßspeisen würde ein Essen nur halb soviel Freude machen.

Übrigens: Alle Rezepte sind – wenn nicht anders vermerkt – für 4 Personen berechnet.

Erdbeer-Rhabarber-Gelee

Zutaten:

5 Blatt weiße Gelatine
2 Blatt rote Gelatine
500 g Erdbeeren
500 g Rhabarber
4 EL Zitronensaft
150-175 g Zucker
Mark einer Vanilleschote
Erdbeeren und
Zitronenmelisse
zum Garnieren

Gelatine in kaltem Wasser einweichen. Erdbeeren waschen und putzen. Rhabarber putzen und abziehen. In Stücke schneiden.

¼ Liter Wasser, Zitronensaft, Zucker und Vanillemark aufkochen. Rhabarber zugeben und einmal aufkochen. Mit einer Schaumkelle herausnehmen und in einem Sieb abtropfen lassen.

Den Fruchtsaft mit Wasser auf einen halben Liter Flüssigkeit auffüllen. Eventuell noch etwas nachsüßen. Ausgedrückte Gelatine darin auflösen.

Eine Form oder Glasschüssel mit kaltem Wasser ausspülen. Eine kleine Menge Fruchtsaft hineingießen. Einige Rhabarberstücke und Erdbeeren hübsch darin anordnen. Im Kühlschrank fest werden lassen.

Restliche Erdbeeren und restlichen Rhabarber in die Form schichten. Mit Fruchtgelee auffüllen, so daß alle Früchte bedeckt sind. 4-5 Stunden im Kühlschrank erstarren lassen.

Gelee am Rand mit einem Messer lösen. Form kurz in heißes Wasser halten. Gelee auf eine Platte stürzen. Mit Erdbeeren und Zitronenmelisse garnieren.

Zubereitungszeit ca. 30 Minuten (ohne Wartezeit)

Unser Tip

Dazu schmeckt prima ein leckerer Vanille-Quark: 2 Päckchen Vanille-Soßenpulver und das Mark einer Vanilleschote mit einem Viertel Liter Milch zubereiten. Mit 2-3 Eßlöffel Zucker süßen. Ausgekühlt unter ca. 250 g Quark rühren.

Zartes Soufflé mit Fruchtsoße

Zutaten:

- 15 g Mehl
- 15 g Butter
- ⅛ l Milch
- 2 Päckchen Vanillin-Zucker
- 1 Eiweiß
- 2 Eier
- 250 g Erdbeeren
- 40 g Zucker
- 1-2 EL Zitronensaft
- 2 EL Puderzucker
- Fett und Zucker für die Förmchen

UNSER TIP

Ein Soufflé sollte immer sofort nach dem Backen serviert werden, da es sehr schnell zusammenfällt. Seine Basis ist eine Mehlschwitze, die nur durch den Eischnee gelokkert wird.

Mehl und Butter miteinander verkneten. Milch und 1 Päckchen Vanillin-Zucker aufkochen. Die Mehl-Butter einflocken und rühren, bis eine dicke Masse entsteht. Topf von der Kochstelle nehmen und das Eiweiß unterrühren.

4 Souffléförmchen einfetten und mit Zucker ausstreuen. Eier trennen. Eigelb unter die Mehlmasse rühren. 50 g Erdbeeren waschen, putzen und trockentupfen. Erdbeeren würfeln. Eiweiß und Zucker steif schlagen und mit den Erdbeeren unterheben.

Masse in die Souffléförmchen füllen. Im vorgeheizten Backofen im Wasserbad (Fettpfanne mit heißem Wasser gefüllt) bei 200° (Gasherd: Stufe 3/Umluft: 180°) 25-30 Minuten backen.

Restliche Erdbeeren waschen, putzen und trockentupfen. Mit dem Schneidstab des Handrührgerätes pürieren. Mit Zitronensaft und dem restlichen Vanillin-Zucker abschmecken. Soufflé aus dem Ofen nehmen, mit Puderzucker bestäuben und sofort mit der Erdbeersoße servieren.

Zubereitungszeit ca. 1 Stunde

Bananen-Vollkorn-Auflauf

Zutaten:
100 g Dinkel
50 g Maisgrieß, grob (Kukuruz)
80 g Haselnußkerne
1 unbehandelte Zitrone
1 Päckchen echter Vanille-Zucker
80 g flüssige Butter
1 EL Honig
400 g Äpfel (z. B. Boskop oder Granny Smith)
4 mittelgroße Bananen
Fett für die Form

UNSER TIP

Dinkel ist eine der Urformen des Weizens. Er gedeiht nur unter natürlichen Bedingungen, weil er Dünger nicht verträgt. Ein Vollwertgetreide also, das durch seinen nußartigen Geschmack jedes Gericht aromatischer macht.

Dinkel und Maisgrieß fein mahlen. 60 g Haselnüsse mit dem Mixstab des Handrührgerätes mittelfein hacken. Zitrone waschen und dann trockenreiben. Die Schale abraspeln.

Dinkel, Grieß, Nüsse, Zitronenschale und Vanille-Zucker mischen. Flüssige Butter und Honig zufügen, dabei gleichzeitig mit den Knethaken des Handrührgerätes zu einer krümeligen Masse verarbeiten.

Äpfel gründlich waschen, vierteln, entkernen und mit der Schale grob raspeln. Unter die Streuselmasse mischen. Bananen schälen, in Scheiben schneiden und unterheben. In eine große gefettete Auflaufform füllen. Restliche Nüsse hobeln und darüberstreuen.

Im vorgeheizten Backofen (E-Herd: 200°/Gasherd: Stufe 3/Umluft: 180°) 30-40 Minuten backen.

Zubereitungszeit ca. 1 ½ Stunden

Haselnuß-Sahne-Creme

Zutaten:
- 4 Blatt weiße Gelatine
- 3 Eier
- 75 g Zucker
- 75 g gemahlene Haselnüsse
- 1 Becher (250 g) Schlagsahne
- 1 EL Haselnußblättchen zum Garnieren

Gelatine in reichlich kaltem Wasser einweichen. Eier und Zucker mit den Schneebesen des Handrührgerätes hell cremig unterrühren. Gemahlene Haselnüsse unterrühren. Gelatine leicht ausdrücken und im heißen Wasserbad auflösen. Unter ständigem Rühren gleichmäßig zur Haselnußmasse geben. So lange kalt stellen, bis die Masse zu gelieren beginnt.

Sahne steif schlagen. 4 Eßlöffel davon in einen Spritzbeutel mit Sterntülle füllen und kühl stellen. Restliche Sahne locker unter die Creme ziehen.

Creme in Gläser füllen, mit Sahnerosetten garnieren und mit Haselnußblättchen bestreut servieren.

Zubereitungszeit ca. 40 Minuten

UNSER TIP

Besonders intensiv schmeckt die Creme, wenn Sie geschälte ganze Haselnüsse in einer trockenen Pfanne goldbraun rösten und dann mahlen.

Kaffee-Pudding mit Aprikosensoße

Zutaten:

1 ½ Becher (à 250 g) Schlagsahne
1 EL löslicher Kaffee
2 Eigelb
2 Eier
75 g Zucker
1 kleine Dose Aprikosen
2 Päckchen Vanillin-Zucker
Puderzucker zum Bestäuben

Sahne und löslichen Kaffee aufkochen. Im Kühlschrank auskühlen lassen.

Eigelb, Eier und Zucker schaumig rühren. Langsam die Sahne unterziehen, ohne daß sich Schaum bildet.

Die Flüssigkeit in Portionsförmchen verteilen. In einen flachen großen Topf etwa 1-2 cm tief in Wasser stellen. Topf mit dem Deckel schließen. Pudding bei leicht kochendem Wasser in 30 Minuten garen. Förmchen aus dem Topf nehmen und kalt stellen.

Aprikosen abtropfen lassen, dabei den Saft auffangen. Früchte mit dem Schneidstab des Handrührgerätes oder im Mixer pürieren. Aprikosenpüree, Vanillin-Zucker und 4 Eßlöffel Aprikosensaft verrühren.

Pudding mit Puderzucker bestäuben und die Aprikosensoße extra dazu reichen.

Zubereitungszeit ca. 50 Minuten (ohne Wartezeit)

Unser Tip

Zum Kaffee-Pudding passen auch karamelisierte Orangenscheiben. Dazu etwa 4 Eßlöffel Zucker und 1 Eßlöffel Butter goldgelb karamelisieren lassen. Die Scheiben von 2 geschälten Orangen darin wenden. Mit Orangenlikör beträufeln.

Creme »Fürst Pückler« mit Himbeeren

Zutaten für 8 Personen:
- 2 Packungen (à 300 g) tiefgefrorene Himbeeren
- 12 Blatt weiße Gelatine
- 100 g Zucker
- 50 g Zartbitter-Schokolade
- 1 Vanilleschote
- ⅜ l Milch
- 1 Prise Salz
- 6 Eigelb
- 150 g Puderzucker
- 2 Becher (à 200 g) Schlagsahne
- Zitronenmelisse zum Garnieren

Von den Himbeeren eine halbe Packung zurücklassen. Den Rest auftauen. Gelatine einweichen. Himbeeren durch ein Sieb streichen. Himbeerpüree und Zucker verrühren. 3 Blatt Gelatine auflösen. Unter das Himbeerpüree rühren. Kühl stellen.

Schokolade schmelzen. Vanilleschote längs aufschneiden. In der Milch, mit Salz, aufkochen. Eigelb und Puderzucker dick schaumig schlagen. Vanillemilch in dünnem Strahl zugießen. Bei schwacher Hitze so lange schlagen, bis die Masse dick cremig ist. Restliche Gelatine darin auflösen. Auskühlen lassen.

Sahne steif schlagen. Creme in 3 Portionen teilen. Unter die erste die Schokolade und ⅓ der Sahne rühren. In Dessert-Gläser füllen. Unter die zweite Portion auch ⅓ der Sahne ziehen. Einfüllen. Unter die restliche Creme das Himbeerpüree und die übrige Sahne heben. Einfüllen und kühlen. Creme mit den zurückgelassenen aufgetauten Himbeeren und Melisse garnieren.

Zubereitungszeit ca. 45 Minuten (ohne Wartezeit)

Frischkäse-Creme mit Kaffeelikör

Zutaten:
2 TL Espressopulver
6 Eigelb
150 g Zucker
400 g Cortina-Frischkäse
100 g Magerquark
3 EL Kaffeelikör
150 g Löffelbiskuits
Kakao zum Bestäuben

Espressopulver in ⅛ Liter kochendem Wasser auflösen. Abkühlen lassen.

Eigelb und Zucker im heißen Wasserbad so lange dickcremig aufschlagen, bis der Zucker aufgelöst ist. Nach und nach Frischkäse und Quark unterrühren.

Espresso und Kaffeelikör verrühren. Eine rechteckige Schale mit Löffelbiskuits auslegen. Die Biskuits mit Espresso beträufeln, eine Schicht Creme daraufgeben. Diese wieder mit Löffelbiskuits belegen und mit Espresso beträufeln. Creme und Biskuits weiter in Schichten einfüllen. Letzte Schicht: Creme. Über Nacht kühl stellen. Mit Kakao bestäubt servieren.

Zubereitungszeit ca. 20 Minuten (ohne Wartezeit)

UNSER TIP

Für dieses Dessert nach italienischer Art können Sie statt Löffelbiskuits auch Biskuitböden oder Kekse verwenden.

Hefekloß auf Rhabarberkompott

Zutaten:
- ⅛ l Milch
- 250 g Mehl
- 15 g Hefe
- 330 g Zucker
- 1 Prise Salz
- 1 Päckchen Vanillin-Zucker
- 20 g Butter oder Margarine
- 1 Ei
- 1 kg Rhabarber

UNSER TIP

Hefekloß auf Kompott ist eine Spezialität aus Dithmarschen, wo er aber auf Backobst-Kompott gebacken und dann als süßes Hauptgericht mit einer herzhaften Vorsuppe serviert wird.

Milch erwärmen. Mehl und zerbröckelte Hefe mischen. 30 g Zucker, Salz, Vanillin-Zucker, weiches Fett, Ei und Milch zufügen. Mit den Knethaken des Handrührgerätes zu einem geschmeidigen Teig verarbeiten. Zugedeckt an einem warmen Ort ca. 45 Minuten gehen lassen.

Rhabarber putzen, abziehen, waschen und in Stücke schneiden. ¼ Liter Wasser, Rhabarber und restlichen Zucker ca. 5 Minuten dünsten. In eine Auflaufform füllen und abkühlen lassen.

Hefeteig kurz durchkneten und zu einem Kloß formen. Auf das Kompott in der Form legen. Im vorgeheizten Backofen (E-Herd: 175°/Gasherd: Stufe 2/Umluft: 160°) ca. 50 Minuten backen. Heiß aus dem Backofen servieren.

Zubereitungszeit ca. 1 ½ Stunden

Schokoladen-Pie für Genießer

Zutaten:
200 g Mehl
1 Messerspitze Backpulver
3 Eier
75 g Zucker
Schale einer unbehandelten Zitrone
100 g Butter oder Margarine
200 g Zartbitter-Schokolade
80 g Butter
1 EL Kakao
3 Blatt weiße Gelatine
1 ½ Becher (à 200 g) Schlagsahne
50 g gehackte Mandeln
3 EL Mandelblättchen

UNSER TIP

Pies stammen aus der englischen Küche. Auswanderer haben sie in die USA exportiert. Früher wurden Pies ausschließlich pikant, z. B. mit Ragout, gefüllt. Später gab man Obst oder Cremes hinein.

Mehl und Backpulver mischen. In die Mitte eine Vertiefung drücken und 1 Ei hineingeben. Zucker, abgeriebene Zitronenschale und kaltes Fett in Flöckchen auf dem Rand verteilen. Einen glatten Teig kneten. 30 Minuten kühl stellen.

Teig etwas größer als die Form (Pieform, ca. 27 cm) ausrollen. Teig am Rand hochziehen und andrücken. Im vorgeheizten Backofen (E-Herd: 200°/Gasherd: Stufe 3/Umluft: 180°) 20-25 Minuten backen. In der Form auskühlen lassen.

125 g Schokolade schmelzen. Butter und Kakao unterrühren. Restliche Eier nach und nach unterschlagen. Gelatine einweichen. Sahne steif schlagen. Gelatine leicht ausdrücken, auflösen, unter die Sahne mischen und diese unter die Schokoladenmasse ziehen. 50 g Schokolade in feine Würfel schneiden und mit den Mandeln unterheben. Creme auf den Pieboden streichen. Von der restlichen Schokolade mit einem Sparschäler »Löckchen« abziehen. Mandelblättchen goldbraun rösten. Pie mit Mandeln und Schokospänen verzieren.

Zubereitungszeit ca. 1 ½ Stunden (ohne Wartezeit)

Parfait von Heidehonig

Zutaten:
- 3 Eigelb
- 2 Eier
- 100 g Heidehonig
- 2 Becher (à 250 g) Schlagsahne
- 4 Scheiben (ca. 120 g) getrocknetes Schwarzbrot
- 5 EL Orangenlikör

Außerdem:
- 1 Becher (150 g) Schlagsahne
- 1 Päckchen Vanillin-Zucker
- 3 EL Orangenlikör
- 2 Birnenhälften (aus der Dose)
- 4 Cocktailkirschen

Eigelb, Eier und Heidehonig verrühren. Im heißen Wasserbad zu einer dicken Creme schlagen. Creme abkühlen lassen, dabei ab und zu umrühren.

Sahne steif schlagen. Schwarzbrot fein reiben. Sahne, Brotkrümel und Orangenlikör unter die Creme ziehen. Die Masse in eine Kastenform füllen und ca. 12 Stunden gefrieren lassen.

Sahne, Vanillin-Zucker und Orangenlikör verrühren. Birnen in Spalten schneiden. Sahnesoße auf Teller gießen. Jeweils eine Scheibe Parfait darauf legen. Mit Birnenspalten und Cocktailkirschen garnieren.

Zubereitungszeit ca. 45 Minuten (ohne Wartezeit)

UNSER TIP

Das Parfait läßt sich viel leichter schneiden, wenn Sie ein großes Messer nehmen und es vorher in heißem Wasser anwärmen.

Heide-
Honig

Honigcreme zu Preiselbeeren

Zutaten:
- 5 Blatt weiße Gelatine
- 3 Eigelb
- 3 EL Honig (ca. 60 g)
- ¼ l Milch
- Mark einer halben Vanilleschote
- 1 Prise Salz
- 1 Becher (200 g) Schlagsahne
- 2 EL Honig zum Nachsüßen

Für die Preiselbeeren:
- ½ Glas Preiselbeeren
- 4 EL Crème fraîche
- 2 EL Portwein
- 1 Prise Zimt
- 2 EL Mandelstifte
- Minze zum Garnieren

Gelatine in kaltem Wasser einweichen. Eigelb und Honig in einem Topf glatt, aber nicht schaumig rühren.

Milch, Vanillemark und Salz aufkochen. Nach und nach heiß unter die Eimischung rühren. Bei schwacher Hitze unter ständigem Rühren so lange erhitzen, bis eine sämige Creme entsteht. Nicht kochen. Vom Herd nehmen. Leicht ausgedrückte Gelatine unterrühren. In eine Schüssel umfüllen. Diese in kaltes Wasser stellen und die Creme abkühlen lassen. Dabei ab und zu umrühren.

Sobald die Creme anfängt dicklich zu werden, Sahne steif schlagen und unterziehen. Eventuell mit Honig nachsüßen. In kalt ausgespülte Puddingförmchen füllen und im Kühlschrank in 3 Stunden erstarren lassen.

Preiselbeeren, Crème fraîche, Portwein und Zimt verrühren, Honigcreme auf Teller stürzen und die Preiselbeeren dazugeben. Mit Mandelstiften und Minzblättchen garnieren.

Zubereitungszeit ca. 40 Minuten (ohne Wartezeit)

daniel hechter
daniel hechter

Frischkäse-Dessert mit Sauerkirschen

Zutaten:

1 kleines Glas Schattenmorellen ohne Steine
½ Zimtstange
2 TL Zucker
2 TL Speisestärke
2 EL Gammel Dansk Bitter Dram
3 Eigelb
50 g Puderzucker
1 Päckchen Vanillin-Zucker
300 g Doppelrahm-Frischkäse
100 g Löffelbiskuits
1 Becher (250 g) Schlagsahne
1 Päckchen Sahnefestiger
1 TL Kakao
1 Prise Zimt

Kirschen abtropfen lassen. Den Saft dabei auffangen. Kirschsaft, Zimtstange und Zucker aufkochen. Speisestärke in wenig kaltem Wasser glattrühren und den Saft damit binden. Zimtstange entfernen und Gammel Dansk Bitter Dram unterrühren. Kirschen zufügen. Auskühlen lassen.

Eigelb, Puderzucker und Vanillin-Zucker schaumig rühren. Nach und nach Doppelrahm-Frischkäse zugeben und rühren, bis eine glatte Creme entstanden ist.

Löffelbiskuits in kleine Stücke brechen. Die Hälfte davon in Gläser geben. Die Hälfte der Creme daraufgeben und glattstreichen. Kirschen darauf verteilen und mit der restlichen Creme bedecken. Kühlstellen.

Die restlichen Löffelbiskuits in die Creme stecken. Sahne und Sahnefestiger steif schlagen und in einen Spritzbeutel mit Sterntülle füllen. Rosetten auf die Creme spritzen. Kakao und Zimt mischen und auf die Creme sieben.

Zubereitungszeit ca. 30 Minuten (ohne Wartezeit)

GAMMEL DANSK
BITTER DRAM
D.D.S.F.

Weingelee mit Honigfrüchten

Zutaten:
Fürs Gelee:
6 Blatt weiße Gelatine
¼ l Weißwein
Saft einer Zitrone
5 EL Honig (ca. 100 g)
Außerdem:
2 Kiwis
2 Nektarinen
150 g Brombeeren
4 EL Honig (ca. 80 g)
1 Prise Kardamom
1 Becher (200 g)
Schlagsahne
1 Päckchen
Vanillin-Zucker
2 TL Pistazien, gehackt

Gelatine in kaltem Wasser einweichen. Wein und Zitronensaft erhitzen. Gelatine ausdrücken, zufügen und unter Rühren auflösen. Honig einrühren.

Kiwis schälen und in Scheiben schneiden. Kurz in kochendem Wasser blanchieren. Abtropfen lassen. Nektarinen mit kochendem Wasser übergießen, kalt abschrecken, die Haut abziehen und halbieren. Die Nektarinen entsteinen und in dünne Spalten schneiden. Brombeeren verlesen. Alle Früchte mischen. Mit Honig und Kardamom würzen. Früchte in Dessertschalen geben. Weingelee daraufgießen und im Kühlschrank in ca. 3 Stunden fest werden lassen.

Sahne und Vanillin-Zucker steif schlagen. In einen Spritzbeutel mit Sterntülle füllen. Weingelee mit Sahnerosetten garnieren. Mit Pistazien bestreuen.

Zubereitungszeit ca. 30 Minuten (ohne Wartezeit)

Unser Tip

Nehmen Sie für das Gelee einen nicht zu intensiv schmeckenden Honig, z. B. Lindenhonig.

Honig-Savarin mit Kiwi-Sahne

Zutaten:
175 g Mehl
10 g frische Hefe
5 EL lauwarme Milch
75 g Butter
2 EL Tannenhonig
1 Prise Salz
1 TL Zitronensaft
2 Eier

Zum Tränken:
2 Gewürznelken
8 EL Honig (ca. 160 g)
1 EL Zitronensaft
3 EL weißer Rum

Zum Bestreichen:
4 EL Aprikosenkonfitüre

Zum Füllen:
3 Kiwis
⅛ l Weißwein
1 Becher (200 g) Schlagsahne
2 EL Honig

Zum Garnieren:
1 Kiwi in Scheiben
einige Himbeeren

Mehl in eine Schüssel geben. In die Mitte eine Vertiefung drücken. Hefe hineinbröckeln. Mit etwas Milch verrühren. Vorteig an einem warmen Ort 15 Minuten gehen lassen.

Zerlassene Butter, Honig, Salz, Zitronensaft und Eier zum Mehl geben, und alles zu einem geschmeidigen Teig verarbeiten. Weitere 15 Minuten gehen lassen.

Eine Savarinform (16 cm) einfetten. Teig einfüllen und noch 15 Minuten gehen lassen. Im vorgeheizten Backofen (E-Herd: 200°/Gasherd: Stufe 3/Umluft: 180°) ca. 25 Minuten backen.

¼ l Wasser und Gewürznelken aufkochen. Honig, Zitronensaft und Rum unterrühren. Savarin sofort nach dem Backen damit tränken und stürzen.

Aprikosenkonfitüre passieren und erhitzen, Savarin damit einstreichen und auskühlen lassen.

Kiwis schälen und würfeln. 3 Minuten im Wein garen. Abtropfen lassen und pürieren. Sahne steif schlagen. Kiwipüree und Honig unterziehen.

Savarin mit der Kiwi-Sahne füllen. Mit Kiwischeiben und Himbeeren garniert servieren.

Zubereitungszeit ca. 30 Minuten (ohne Wartezeit)

Hirseauflauf mit Sauerkirschen

Zutaten:
- 200 g Hirse (ungemahlen)
- 1 Prise Salz
- knapp ¾ l Milch
- 50 g Butter
- 2 Eier
- 3 EL Honig
- abgeriebene Schale einer halben unbehandelten Zitrone
- 1 TL Zimt
- 50 g gehobelte Mandeln
- 1 Glas (720 ml) Schattenmorellen ohne Steine
- 40 g Butter für Flöckchen
- Vollkornbrösel oder Paniermehl
- Fett für die Form

Hirse, Salz und Milch in einen Topf geben, aufkochen und bei schwacher Hitze 30-40 Minuten ausquellen lassen. Dabei ab und zu umrühren. Auskühlen lassen.

Butter schaumig rühren. Eier trennen. Nach und nach Honig, Zitronenschale, Zimt und Eigelb unterrühren. Gehobelte Mandeln und Hirsebrei zufügen.

Eiweiß steif schlagen und locker unter die Hirsemasse ziehen.

Schattenmorellen abtropfen lassen. Eine Auflaufform ausfetten. Die Hälfte des Hirsebreis einfüllen, glattstreichen und die Kirschen darauf verteilen. Restlichen Hirsebrei darauf geben und glattstreichen. Mit Butterflöckchen belegen und mit Vollkornbröseln bestreuen. Im vorgeheizten Backofen (E-Herd: 175°/Gasherd: Stufe 2/Umluft: 160°) 25-30 Minuten backen.

Zubereitungszeit ca. 1 Stunde (ohne Wartezeit)

Unser Tip

Wer einen intensiven Honiggeschmack liebt, sollte einen aromatischen Wald- oder Tannenhonig verwenden.

Pfirsich-Kiwi-Baisers mit Himbeersahne

Zutaten:

2 Blatt weiße Gelatine
125 g Himbeeren
1 EL Puderzucker
1 Becher (200 g) Schlagsahne
4 Neuseeland-Kiwis
4 Pfirsichhälften (aus der Dose)
4 Baiserschalen (fertig gekauft)

Gelatine in kaltem Wasser einweichen. Himbeeren verlesen und durch ein Sieb streichen. Gelatine bei schwacher Hitze oder im Wasserbad auflösen. Puderzucker und Gelatine unter das Himbeerpüree rühren.

Wenn das Püree dicklich wird, Sahne steif schlagen und unterheben. In einen Spritzbeutel mit Sterntülle füllen. Kühl stellen.

Kiwis schälen und in Scheiben schneiden.

Pfirsichhälften und Kiwischeiben auf die Baiserhälften geben und die Himbeersahne darauf spritzen.

Zubereitungszeit ca. 30 Minuten

UNSER TIP

Baisers können Sie auch leicht selber machen. Dazu 2 Eiweiß und 100 g Zucker steif schlagen. 4 große Rosetten auf ein mit Backpapier ausgelegtes Backblech spritzen und bei 150° (Gasherd: Stufe 1/Umluft: 150°) ca. 2 Stunden trocknen lassen.

Sherry-Creme mit Sahne und Mandeln

Zutaten für 6 Personen:
- 300 g Zucker
- 2 EL Cream Sherry
- ein Stück unbehandelte Zitronenschale
- 12 Eigelb
- 1 ganzes Ei
- Öl zum Ausstreichen der Förmchen
- 1 EL blättrige Mandeln
- 1 Becher (200 g) Schlagsahne

UNSER TIP

Diese Creme ist eine Spezialität Spaniens und heißt dort »Tocino de cielo«, was übersetzt Himmelsspeck bedeutet. Und so ist das Dessert wirklich: himmlisch süß, sanft und sehr mächtig.

Zucker, ⅛ Liter Wasser, Cream Sherry und Zitronenschale bei schwacher Hitze in etwa 5 Minuten zu einem Sirup kochen. Zitronenschale entfernen.

Eigelb und das Ei mit einem Schneebesen verrühren, aber nicht schaumig schlagen. Den heißen Sirup langsam unterrühren.

Portionsförmchen mit Öl ausstreichen und die Eimasse einfüllen. Mit Alufolie fest verschließen.

Die Förmchen in die mit kochendem Wasser gefüllte Fettpfanne des Backofens stellen. Im vorgeheizten Backofen (E-Herd: 175°/Gasherd: Stufe 2/ Umluft: 160°) 20-30 Minuten garen.

Creme etwas abkühlen lassen. Aus den Förmchen auf Teller stürzen und völlig auskühlen lassen.

Mandeln goldbraun rösten. Sahne steif schlagen und in einen Spritzbeutel mit Sterntülle füllen. Creme rundherum mit Sahnerosettchen und Mandeln garnieren.

Zubereitungszeit ca. 45 Minuten (ohne Wartezeit)

SHERRY

Papaya-Creme mit Orangenlikör

Zutaten:

2 Papayas (à 300 g)
Saft 1 Zitrone
4 EL Orangenlikör
50 g Puderzucker
1 Becher (200 g)
Schlagsahne
Borkenschokolade zum
Garnieren

Papayas schälen, halbieren und die Kerne mit einem Löffel entfernen. Aus einer Hälfte Spalten schneiden. Das restliche Fruchtfleisch dann mit dem Schneidstab des Handrührgerätes oder im elektrischen Mixer pürieren.

Fruchtpüree, Zitronensaft, Likör und Puderzucker verrühren. Sahne mit den Schneebesen des Handrührgerätes steif schlagen und gleichmäßig unterziehen.

Creme in 4 Schälchen geben und mit den Papayaspalten garnieren. In die Mitte zerbröckelte Borkenschokolade geben.

Zubereitungszeit ca. 30 Minuten

UNSER TIP

Die Heimat der Papaya ist Mittelamerika. Man erkennt die eiförmigen grüngelblichen Früchte an ihren fünf Längsrippen. Ihre zahlreichen Kerne sind etwa pfeffergroß. Papayas werden hauptsächlich aus Kenia und der Elfenbeinküste importiert. Im Gemüsefach des Kühlschranks halten sie sich bis zu zwei Wochen.

Gratinierte Pfannkuchen mit Buttermilcheis

Zutaten:

Für den Teig:
- 4 Eier
- ¼ l Milch
- 1 Päckchen Vanillin-Zucker
- 50 g Zucker
- 125 g Mehl
- 1 Prise Salz
- 40 g Butter zum Backen

Außerdem:
- 375 g Erdbeeren
- 1 Becher (250 g) Schlagsahne
- 4 Eigelb
- 1 EL Zucker
- 1 Päckchen Vanillin-Zucker
- abgeriebene Schale einer halben unbehandelten Zitrone
- 1 Haushaltspackung Buttermilcheis (500 ml)
- Zitronenmelisse zum Garnieren

Alle Zutaten für den Teig miteinander verrühren und dann 5 Minuten quellen lassen.

Nach und nach in heißem Fett vier Pfannkuchen auf beiden Seiten goldgelb backen.

Erdbeeren waschen, putzen und abtropfen lassen. Erdbeeren halbieren.

Pfannkuchen in eine gefettete große Form (oder aufs Backblech) legen und die Erdbeeren darauf verteilen.

Sahne steif schlagen. Eigelb, Zucker, Vanillin-Zucker und Zitronenschale unter die Sahne ziehen.

Auf die Pfannkuchen verteilen und unter dem vorgeheizten Grill oder bei größter Hitze im Backofen goldgelb überbacken (gratinieren). Eis in Kugeln darauf verteilen und mit Zitronenmelisse garnieren.

Zubereitungszeit ca. 50 Minuten

Pistazieneis auf Waldmeistergelee

Zutaten:
- 1 Päckchen Waldmeister-Götterspeise
- 2 EL Zucker
- 1 kleine Papaya
- 1 Kiwi
- 1 mittelgroße Banane
- 2 EL Zitronensaft
- 1 Päckchen Vanillin-Zucker
- 1 EL gehackte Walnußkerne
- 500 ml Pistazieneis
- sprühfertige Schlagsahne aus der Dose

Waldmeister-Götterspeise nach Vorschrift mit Zucker zubereiten.

4 Tortelettförmchen mit Wasser ausspülen und das Gelee einfüllen. Im Kühlschrank fest werden lassen.

Früchte schälen und klein schneiden. Mit Zitronensaft und Vanillin-Zucker mischen. Gehackte Walnüsse in einer Pfanne rösten.

Gelee mit einem Messer vorsichtig vom Formrand lösen. Auf Teller stürzen. Früchte und das Eis in Kugeln darauf verteilen. Mit Sahnerosetten garnieren. Mit den Walnußstückchen bestreuen.

Zubereitungszeit ca. 20 Minuten (ohne Wartezeit)

UNSER TIP

Zum einfachen Garnieren ist sprühfertige Sahne ideal. Es gibt sie auch kalorienreduziert.

Gefüllte Honigmelone mit Zitroneneis

Zutaten:

1 mittelgroße Honigmelone
1 unbehandelte Zitrone
1 Päckchen Vanillin-Zucker
1 Pikkolo-Fläschchen Sekt
8 Kugeln Zitroneneis
Zitronenmelisse zum Garnieren

Honigmelone halbieren. Die Kerne mit einem Eßlöffel herausschaben. Das Fruchtfleisch mit einem Kugelausstecher herauslösen oder in Würfel schneiden.

Zitrone waschen und trockenreiben. Die Schale abraspeln. Melonenkugeln mit Zitronenschale und Vanillin-Zucker mischen.

Sekt in die Melonenhälften gießen und die Melonenkugeln hineingeben. Zitroneneis in die Mitte geben. Mit Zitronenmelisse garnieren.

Zubereitungszeit ca. 20 Minuten

UNSER TIP

Probieren Sie einmal andere Melonensorten, wie z. B. die Ogen-Melone aus Israel oder die Cavaillon-Melone aus Frankreich. Statt mit Sekt, können Sie das Melonenfruchtfleisch auch mit Portwein oder einem Cream-Sherry marinieren.

Apfel-Grießauflauf mit Honig

Zutaten:

- ¾ l Milch
- Salz
- 150 g Vollkorngrieß
- 500 g Äpfel
- 2 EL Zitronensaft
- 2 Eier
- 250 g Magerquark
- 100 g Honig
- 50 g Rosinen
- 6 EL kernige Haferflocken
- 1 TL Zimt
- 30 g Butter
- Fett für die Form

Milch und Salz aufkochen. Grieß einrühren und 30 Minuten quellen lassen. Dabei ab und zu umrühren.

Äpfel waschen, vierteln, entkernen und schälen. Äpfel mit Zitronensaft beträufeln.

Eier trennen. Quark, Eigelb und Honig cremig rühren. Eiweiß steif schlagen. Quarkmasse und Eischnee unter den Grießbrei heben.

Rosinen waschen und trockentupfen. Rosinen, Äpfel, die Hälfte der Haferflocken und Zimt mischen. Die Hälfte der Grießmasse in eine gefettete Auflaufform füllen. Apfelmischung und restliche Grießmasse daraufgeben. Mit den übrigen Haferflocken bestreuen. Butterflöckchen darauf verteilen. Im vorgeheizten Backofen (E-Herd: 175°/ Gasherd: Stufe 2/Umluft: 160°) ca. 1 Stunde backen. Eventuell mit Pergamentpapier abdecken.

Zubereitungszeit ca. 1 ¾ Stunden

Unser Tip

Zum Backen eignen sich Äpfel mit einem intensiven Aroma und festem Fruchtfleisch, wie z.B. Boskop, Cox Orange oder ein Ingrid Marie.

Schlemmercreme mit Kirschen

Zutaten:

Für die Kirschen:
- 250 g Süßkirschen
- 3 EL Orangensaft
- 1 EL Zucker
- 1 gehäufter TL rotes Tortengußpulver

Außerdem:
- 2 Blatt weiße Gelatine
- 1 Becher (200 g) Müller Dickmilch (3,5 % Fett)
- 1 Päckchen Vanillin-Zucker
- 1 EL Zucker
- 1 Prise Salz
- 1 Becher (200 g) Schlagsahne

Kirschen waschen, entstielen und entsteinen. Kirschen, Orangensaft, ⅛ l Wasser und Zucker in einen Topf geben und bei schwacher Hitze ca. 3 Minuten dünsten. Tortengußpulver mit etwas kaltem Wasser verrühren. In die kochenden Kirschen einrühren und einmal aufwallen lassen. Kirschen gut auskühlen lassen.

Gelatine in kaltem Wasser einweichen. Dickmilch, Vanillin-Zucker, Zukker und die Prise Salz glattrühren. Gelatine leicht ausdrücken und bei schwacher Hitze auflösen. Unterrühren. Sahne steif schlagen und unterheben.

Kirschen in Gläser verteilen und die Dickmilch-Sahne daraufgeben.

Zubereitungszeit ca. 40 Minuten

Unser Tip

Wer häufig Speisen mit Kirschen zubereitet, sollte sich einen guten Kirschenentsteiner im Fachgeschäft kaufen. Prima geht es auch mit einer stabilen aufgebogenen Büroklammer.

Erdbeer-Sorbet mit Minze

Zutaten:

750 g Erdbeeren
1 Töpfchen frische Minze (oder Zitronenmelisse)
50 g Zucker
5 EL Zitronensaft
Erdbeerscheiben und Minze zum Garnieren

UNSER TIP

Ein Sorbet (oder auch Sherbet) ist ein nur schwach gefrorenes Eis. Die Grundlage sind pürierte frische Früchte oder Fruchtsäfte. Während des Gefrierens muß ein Sorbet immer wieder kräftig gerührt werden. So erhält es seine cremige Konsistenz. Ideal ist die Zubereitung in einer Eismaschine.

Erdbeeren waschen, putzen und in Stücke schneiden. Minze (oder Zitronenmelisse) abspülen, trockenschütteln und die Blättchen abzupfen. Erdbeeren, Minzblättchen, Zucker und Zitronensaft mit dem Schneidstab des Handrührgerätes oder im elektrischen Mixer pürieren. Püree am besten in eine Metallschüssel (leitet die Kälte gut) geben und ca. 2 Stunden gefrieren lassen. Dabei ab und zu kräftig durchrühren.

Kurz vor dem vollständigen Gefrieren in einen Spritzbeutel mit großer Sterntülle füllen und in Dessertschalen spritzen. Mit Erdbeerscheiben und Minzblättchen garnieren. Sofort servieren.

Zubereitungszeit ca. 2 ½ Stunden

Wiener Charlotte

Zutaten für 6 Personen:
- 1 Packung Löffelbiskuits
- 100 g gehobelte Haselnußkerne

Für die Creme:
- 6 Blatt weiße Gelatine
- 2 Eier
- 40 g Speisestärke
- ¼ l Milch
- 2 Becher (à 250 g) Schlagsahne
- 1 Prise Salz
- 1 Beutel Orange-back
- 100 g Zucker
- 20 g Kakao
- 1 Doppelbeutel Rum-back

Boden und Rand einer Charlottenform (oder einer mit Alufolie ausgekleideten Kastenform) mit Löffelbiskuits auslegen. ¼ der gehobelten Haselnußkerne darauf streuen.

Für die Creme Gelatine in kaltem Wasser einweichen. Die Eier trennen. Speisestärke, Eigelb und etwas Milch verrühren. Die restliche Milch, 1 Becher Sahne, Salz, Orange-back und Zucker aufkochen. Die angerührte Speisestärke unter Rühren hineingießen und noch mal aufkochen.

Die Gelatine leicht ausdrücken und unter die heiße Masse rühren. Eiweiß steif schlagen und sofort unterheben. Die Creme kalt stellen. Sobald sie dicklich wird, die restliche Sahne steif schlagen und unterheben. ¼ der Masse auf die Biskuits streichen.

Unter die restliche Masse die übrigen Haselnußkerne, Kakao und Rumback rühren. Auf die helle Masse streichen. Eventuell noch mit Biskuits belegen. Die Charlotte einige Stunden kalt stellen.

Charlotte vorsichtig aus der Form lösen und auf eine Platte stürzen.

Zubereitungszeit ca. 40 Minuten (ohne Wartezeit)

Unser Tip

Die Wiener Charlotte können Sie ganz »pur« oder mit einer fertig gekauften Kirsch-Dessertsauce servieren.

MEHL

Arme Ritter auf die feine Art

Zutaten:
- 2 Eier
- 200 ml Milch
- Salz
- 8 mittelgroße Scheiben Weißbrot
- 40 g Butter oder Margarine
- 1 Becher (200 g) Schlagsahne
- 1 Päckchen Vanillin-Zucker
- 8 EL Pflaumenmus

Eier, Milch und eine Prise Salz verquirlen. In einen Suppenteller gießen. Brotscheiben nacheinander kurz vor dem Braten in die Eiermilch tauchen.

Fett portionsweise in einer Pfanne erhitzen und die Brotscheiben darin auf beiden Seiten goldbraun braten. Schlagsahne und Vanillin-Zucker steif schlagen.

Arme Ritter mit Schlagsahne und Pflaumenmus zusammen servieren.

Zubereitungszeit ca. 30 Minuten

Unser Tip

Arme Ritter sind eine ideale Verwertung von altem Brot. Statt mit Sahne und Pflaumenmus schmecken sie auch mit Obstkompott und vor allem mit Zimt-Zucker und Vanillesoße.

Stachelbeeren mit Vanille-Dickmilch

Zutaten:
- 500 g Stachelbeeren
- 75 g Zucker
- 1 Zimtstange
- 0,1 l trockener Weißwein
- 1 Becher (175 g) Sahne-Dickmilch
- 2 Päckchen Vanillin-Zucker

Stachelbeeren waschen und putzen. Mit Zucker, etwas Wasser, Zimtstange und Weißwein aufkochen und ca. 5 Minuten köcheln lassen. Stachelbeeren im Sud erkalten lassen. Die Zimtstange entfernen.

Stachelbeeren abgießen, den Saft dabei auffangen. 4 Eßlöffel Saft, Sahne-Dickmilch und Vanillin-Zucker verrühren. Auf die angerichteten Stachelbeeren geben und servieren.

Zubereitungszeit ca. 20 Minuten (ohne Wartezeit)

Unser Tip

Das Dessert nach Belieben mit Corn-flakes bestreut servieren. Den restlichen Fruchtsaft können Sie für Obstkaltschalen oder Kompott verwenden.

Reis-Eiercreme mit Himbeersoße

Zutaten:

2 Beutel (à 125 g) Reisfit-8-Minuten-Reis
4 Eier
1 Becher (250 g) Schlagsahne
Mark 1 Vanilleschote
50 g Zucker
1 Prise Salz
2-3 EL Himbeergeist
1 Flasche Himbeersauce (Schwartau)
1-2 EL gehackte Mandeln

Den Reis in 2 Tassen Wasser nach Anweisung auf der Packung zubereiten. Auskühlen lassen.

Eier trennen. Sahne, Vanillemark, Zucker und Salz in einem Topf gut verschlagen. Bei schwacher Hitze so lange weiterschlagen, bis die Masse dicklich wird.

Creme abkühlen lassen. Dabei ab und zu umrühren. Eiweiß steif schlagen und unterziehen. Reis zufügen und anrichten. Portionen mit Himbeergeist beträufeln. Himbeersauce darauf verteilen und mit Mandeln bestreut servieren.

Zubereitungszeit ca. 30 Minuten (ohne Wartezeit)

UNSER TIP

Eine abgeschlagene Creme wie diese können Sie auch im Wasserbad zubereiten. Dazu die Eimasse in eine kleine Schüssel geben. In einen größeren Topf mit Wasser stellen und die Creme gut rühren. Spezielle Wasserbad- oder Simmertöpfe machen Ihnen die Arbeit noch leichter.

Reisauflauf mit Pflaumen

Zutaten:

750 g Pflaumen
3 Eier
75 g Zucker
1 unbehandelte Zitrone
3 Becher (à 200 g)
Müller Milchreis »natur«
1 EL Butter für die Form

Pflaumen waschen, halbieren und entsteinen. Eier trennen. Eigelb und 2 Eßlöffel Zucker schaumig schlagen. Zitrone waschen, trockenreiben und die Schale abraspeln. Zugeben und den Milchreis locker unterheben.

Zitrone auspressen. Eiweiß, 1 Eßlöffen Zitronensaft und den restlichen Zucker steif schlagen. Gut die Hälfte des Eischnees unter die Reismasse heben.

Eine feuerfeste Form mit Butter ausstreichen. Abwechselnd Milchreis und Pflaumen einfüllen und den restlichen Eischnee darauf geben. Glattstreichen und im vorgeheizten Backofen (E-Herd: 175°/Gasherd: Stufe 2/Umluft: 160°) 15-20 Minuten backen. Heiß servieren.

Zubereitungszeit ca. 35 Minuten

UNSER TIP

Reichen Sie vor dem Reisauflauf eine kräftige Suppe, z.B. eine Fleischbrühe mit Leberknödeln oder eine ungebundene Gemüsesuppe mit Backerbsen. Damit haben Sie ein komplettes Mittagessen.

Aprikosenknödel mit Honig-Mandelsoße

Zutaten:
- 16 getrocknete, ungeschwefelte Aprikosen
- 500 g Magerquark
- 2 Eier
- Salz
- 2 EL Honig
- 1 Päckchen Orange-back
- 200 g Mehl

Für die Soße:
- 80 g Butter
- 2 EL Honig
- 1 Prise Zimt
- 40 g gehobelte Mandeln

Getrocknete Aprikosen über Nacht mit Wasser bedeckt einweichen. Am nächsten Tag abgießen, abtropfen lassen und trockentupfen.

Quark in ein sauberes Tuch geben und gut ausdrücken. Quark, Eier, 1 Prise Salz, Honig und Orange-back verrühren. Mehl zugeben und alles zu einem geschmeidigen Teig verkneten.

Leicht gesalzenes Wasser aufkochen. Teig in 16 Stücke teilen. Jedes Teigstück flachdrücken, eine Aprikose daraufgeben und diese mit dem Teig zu einem Knödel formen. Knödel ins kochende Wasser geben, einmal aufwallen lassen und dann bei schwacher Hitze in ca. 15 Minuten garziehen lassen.

Für die Soße Butter und Honig erhitzen. Zimt und Mandeln einrühren. Bei schwacher Hitze ca. 5 Minuten köcheln lassen.

Knödel mit einer Schaumkelle herausnehmen, gut abtropfen lassen und mit der Honig-Mandelsoße servieren.

Zubereitungszeit ca. 50 Minuten (ohne Wartezeit)

Unser Tip

Zum Kochen einen großen breiten Topf nehmen, damit die Knödel darin ausreichend Platz haben, wenn sie an die Oberfläche steigen. In kleinen Töpfen portionsweise garen.

Französischer Früchteteller

Zutaten:

- 2 Birnen (Dr. Guyot oder Williams)
- 200 ml Gewürztraminer
- 1 Päckchen Vanillin-Zucker
- 3 Pfirsiche
- 3 Nektarinen
- 1-2 TL Himbeergeist oder Kirschwasser
- 3 Eigelb
- 25 g Zucker
- 1 Prise Zimt
- Zitronenmelisse zum Garnieren

Birnen schälen, vierteln und entkernen. In 150 ml Gewürztraminer mit dem Vanillin-Zucker 3-5 Minuten dünsten. Im Sud abkühlen lassen.

Pfirsiche mit kochendem Wasser übergießen, die Haut abziehen. Die Pfirsiche halbieren, entsteinen und das Fruchtfleisch in dünne Spalten schneiden.

Nektarinen waschen, halbieren und entsteinen. Früchte im Mixer pürieren. Himbeergeist oder Kirschwasser unter das Püree rühren.

Restlichen Gewürztraminer und 6 Eßlöffel Birnensud mischen. Eigelb, Zucker und Zimt cremig schlagen. Schüssel in ein Wasserbad stellen und nach und nach den Weinsud unterrühren. So lange schlagen, bis die Masse etwa das doppelte Volumen erreicht hat (Sabayon).

Birnen und Pfirsiche dekorativ auf Tellern anrichten. Nektarinenpüree und Sabayon daraufgeben und mit Zitronenmelisse garnieren.

Zubereitungszeit ca. 40 Minuten (ohne Wartezeit)

Unser Tip

Der Gewürztraminer gehört zu den bekanntesten der beliebten Weine aus dem Elsaß. Ein trockener Tropfen, den man schätzt, weil er naturrein durchgegoren und deshalb so gut vertragen wird.

Sahniges Schicht-Dessert

Zutaten:
- 100 g Vollmilch-schokolade
- 75 g trockenes Grau- oder Schwarzbrot
- 40 g Zucker
- 250 g Vanilleeiscreme
- 2 Becher (à 175 g) Sahne-Dickmilch
- 1 Becher (200 g) Schlagsahne

Gut gekühlte Schokolade und Brot reiben. Mit dem Zucker mischen. Vanilleeis etwas antauen lassen und cremig rühren. Eiscreme und Sahne-Dickmilch verrühren. Sahne mit den Schneebesen des Handrührgerätes steif schlagen und unterheben.

Brotmischung und Creme schichtweise in Gläser füllen. Dessert nach Belieben mit Sahnerosetten (sprühfertige Sahne aus der Dose) und Früchten garnieren.

Zubereitungszeit ca. 30 Minuten

Unser Tip

Brot läßt sich besser zerbröseln, wenn es bereits trocken ist. Die frischen Brotscheiben deshalb aufs Backblech legen und bei 175° (Gasherd: Stufe 2) 15-20 Minuten trocknen lassen.

Erdbeercrêpes mit Vanilleeis

Zutaten:
3 Eier
50 ml Milch
Mark einer halben Vanilleschote
2 EL Amaretto
1 EL Speisestärke
20 g Butter
500 g Erdbeeren
2 EL Puderzucker
30 g Butter oder Margarine
4 Kugeln Vanilleeis
Zitronenmelisse zum Garnieren

Eier, Milch, Vanillemark, Amaretto und Speisestärke verrühren. Butter schmelzen, leicht bräunen und etwas abkühlen lassen. Unter den Teig rühren.

Erdbeeren waschen und putzen. 100 g Erdbeeren zum Garnieren beiseite legen. Die restlichen Erdbeeren und 1 Eßlöffel Puderzucker mit dem Schneidstab des Handrührgerätes pürieren.

Nach und nach im heißen Fett hauchdünne Pfannkuchen auf beiden Seiten goldgelb braten. Crêpes wie Dreiecke übereinanderklappen. Mit Vanilleeis und der Erdbeersoße anrichten. Mit Erdbeeren und Zitronenmelisse garnieren. Mit dem restlichen Puderzucker bestäuben.

Zubereitungszeit ca. 40 Minuten

Unser Tip

Crêpes sind hauchdünne Pfannkuchen. Zum Backen gibt es spezielle Crêpe-Pfannen (in Haushaltswaren-Geschäften).

Gekochte Hefeklöße mit Weinschaumsoße

Zutaten:

knapp ¼ l Milch
500 g Mehl
1 Würfel Hefe
60 g Zucker
1 Prise Salz
1 Ei
60 g Butter

Für die Weinschaumsoße:

1 Ei
1 Eigelb
½ Päckchen
Soßenpulver
Vanille-Geschmack
2 gehäufte EL Zucker
⅛ l Weißwein
2 TL Zitronensaft

UNSER TIP

Je nach Geschmack können Sie für die Weinschaumsoße einen lieblichen oder trockenen Weißwein nehmen. Gut geeignet sind vor allem Rieslingweine oder ein Müller-Thurgau.

Für die Hefeklöße Milch erwärmen. Mehl in eine Schüssel geben, in die Mitte eine Vertiefung drücken, die Hefe hineinbröckeln. 2 Teelöffel Zucker und 2 Eßlöffel Milch auf die Hefe geben, verrühren und abgedeckt ca. 15 Minuten gehen lassen. Restlichen Zucker, Salz, restliche lauwarme Milch, Ei und Butter zugeben. Einen geschmeidigen Teig kneten. 15 Minuten gehen lassen.

Klöße von 5 cm Durchmesser formen. Auf einer bemehlten Fläche noch mal 15 Minuten gehen lassen.

Die Klöße in reichlich kochendes Wasser geben. Im geschlossenen Topf bei schwacher Hitze in ca. 20 Minuten gar ziehen lassen.

Für die Weinschaumsoße alle Zutaten und ⅛ Liter Wasser in einem Kochtopf verrühren. Die Masse bei schwacher Hitze mit einem Schneebesen durchschlagen, bis sie gebunden ist. Nicht kochen lassen!

Die Hefeklöße mit einer Schaumkelle aus dem Wasser nehmen und gut abtropfen lassen. Mit der Weinschaumsoße servieren.

Zubereitungszeit ca. 1 ½ Stunden

Apfel-Reisauflauf mit Mandeln

Zutaten:
- 4 Eier
- 3 Becher (à 200 g) Müller Milchreis »natur«
- 1 Päckchen Vanillin-Zucker
- 6 säuerliche Äpfel
- 4 gehäufte TL Johannisbeergelee
- 50 g gehackte Mandeln
- 40 g Butter
- Fett für die Form

Eier trennen. Eigelb, Milchreis und Vanillin-Zucker verrühren. Äpfel waschen und schälen. 2 Äpfel vierteln, entkernen und raspeln. Unter den Milchreis heben. Eiweiß steif schlagen und auch unterheben.

Von den restlichen Äpfeln das Kerngehäuse ausstechen und in eine gefettete, feuerfeste Auflaufform setzen. Milchreis drumherum einfüllen. Das Johannisbeergelee in die Äpfel geben.

Alles mit Mandeln bestreuen und mit Butterflöckchen belegen. Im vorgeheizten Backofen (E-Herd: 175°/Gasherd: Stufe 2/Umluft: 160°) ca. 40 Minuten backen.

Zubereitungszeit ca. 1 ¼ Stunden

Unser Tip

Es macht den Auflauf zwar kalorienreicher, schmeckt aber sehr würzig, wenn Sie zusätzlich 50 g Mandelstifte in die Masse geben, die vorher geröstet werden.

Torteletts mit Früchten und Eis

Zutaten:

- 50 g Halbbitter Kuvertüre
- 4 Mürbeteig-Torteletts (fertig gekauft)
- 1 Mango
- je 50 g Himbeeren und Brombeeren
- 1 Haushaltspackung Schokoladen-Eiscreme
- gehackte Pistazien

Kuvertüre im heißen Wasserbad oder bei schwacher Hitze unter gelegentlichem Rühren schmelzen. Mürbeteig-Torteletts damit innen bestreichen. Trocknen lassen.

Mango schälen und in Spalten schneiden. Himbeeren und Brombeeren verlesen und eventuell vorsichtig abspülen. Abtropfen lassen. Beeren mit den Mangospalten mischen. Obst in die Torteletts geben.

Schokoladen-Eiscreme in Würfel schneiden und in die Mitte setzen. Mit Pistazien bestreut servieren.

Zubereitungszeit ca. 30 Minuten

UNSER TIP

Statt die Torteletts mit Kuvertüre auszustreichen, können Sie auch ein bis zwei Eßlöffel Vanillepudding hineingeben.

Feine Schokoladencreme

Zutaten für 8 Personen:
- 2 Tafeln (à 100 g) Edelbitter-Schokolade
- 1 EL löslicher Kaffee
- 5 Eier
- 1 Päckchen Vanillin-Zucker
- 1 Prise Salz
- 1 EL Gammel Dansk Bitter Dram
- 2 Becher (à 200 g) Schlagsahne
- 50 g Zucker
- Schokospäne oder -streusel

Schokolade in Stücke brechen. Im heißen Wasserbad schmelzen. Löslichen Kaffee unterrühren.

Eier trennen. Eigelb, Vanillin-Zucker, eine Prise Salz und Gammel Dansk schaumig schlagen. 1 Becher Sahne steif schlagen. Auch das Eiweiß steif schlagen. Dabei nach und nach den Zucker einrieseln lassen.

Nacheinander die Eigelbmasse, die Schlagsahne und den Eischnee unter die Schokolade ziehen. In Gläser füllen.

Restliche Sahne steif schlagen. Mit einem Spritzbeutel (Sterntülle) Röschen auf die Creme spritzen. Mit Schokospänen oder -streuseln garnieren.

Zubereitungszeit ca. 30 Minuten

Unser Tip

Der dänische Gammel Dansk ist ein Bitter, der aus Kräutern, Gewürzen und Früchten hergestellt wird. Sein intensives Aroma gibt Süßspeisen die besondere Note.

GAMMEL DANSK
Bitter Dram

Bunter Fruchtsalat mit Rosinen

Zutaten:
125 g rote Johannisbeeren
125 g Erdbeeren
125 g Himbeeren
1 Banane
1 Apfel
100 g kalifornische Rosinen
1 Becher (150 g) Crème fraîche
1 EL Zucker
2 TL Zitronensaft
einige Erdbeeren und Johannisbeer-Rispen zum Garnieren

Johannisbeeren und Erdbeeren abspülen. Johannisbeeren von den Rispen streifen. Erdbeeren putzen. Himbeeren verlesen. Banane schälen und in dünne Scheiben schneiden. Apfel waschen, das Kerngehäuse ausstechen und den Apfel in dünne Scheiben schneiden. Rosinen waschen und trockentupfen.

Früchte und Rosinen mischen und in Schälchen füllen.

Crème fraîche, Zucker und Zitronensaft verrühren und auf den Portionen verteilen. Mit Erdbeeren und Johannisbeer-Rispen garnieren.

Zubereitungszeit ca. 30 Minuten

Unser Tip

Die Johannisbeeren lassen sich leicht von den Rispen streifen: einfach von oben nach unten durch die Zinken einer Gabel ziehen.

Vanille-Eisbombe mit Erdbeerpüree

Zutaten für 8 Personen:
2 Haushaltspackungen
Vanille-Eis (à 500 ml)
1 Haushaltspackung
Cassis-Sorbet (500 ml)
Für das Erdbeerpüree:
750 g Erdbeeren
4 EL Orangensaft
75 g Zucker
4 EL Orangenlikör
30 g blättrige Mandeln

Vanille-Eis und Cassis-Sorbet streichfähig werden lassen. Eine Eisbombenform oder eine innen glatte, runde Schüssel ringsherum mit dem Vanille-Eis ausstreichen. In die Mitte das Sorbet geben. In der Tiefkühltruhe mindestens 3 Stunden gefrieren lassen.

Erdbeeren waschen und putzen. Einige Erdbeeren beiseite legen, restliche Früchte mit dem Pürierstab des Handrührgerätes pürieren. Erdbeerpüree, Orangensaft, Zucker und Orangenlikör verrühren. Mandeln in einer Pfanne goldbraun rösten.

Die Form kurz in heißes Wasser halten und die Eisbombe auf eine Platte stürzen. Mit Mandeln bestreuen und mit Erdbeeren garnieren. Erdbeerpüree dazu reichen.

Zubereitungszeit ca. 30 Minuten (ohne Wartezeit)

UNSER TIP

In der Mikrowelle wird Eiscreme sehr schnell »weich«. Geben Sie die Packung für 1 Minute (Auftaustufe) in die Mikrowelle. Probieren Sie, ob es streichfähig ist. Sonst lassen Sie es noch einige Sekunden antauen.

Preiselbeer-Röllchen mit Sauerrahm

Zutaten:
- 100 g Butter
- ⅛ l Milch
- 300 g Mehl
- 1 Prise Salz
- 2 Eier
- 1 Glas Preiselbeeren
- 1 Becher (150 g) saure Sahne
- 1 EL Zucker
- 1 Päckchen Vanillin-Zucker
- Butter für die Form

Butter zerlassen. Milch erhitzen. Mehl und Salz mischen. Die flüssige Butter und die Milch zufügen und alles zu einem festen geschmeidigen Teig kneten. Teig auf bemehlter Arbeitsfläche dünn ausrollen und in Quadrate von jeweils 10×10 cm schneiden.

1 Ei trennen. Preiselbeeren auf die Teigquadrate verteilen und die Ränder mit Eiweiß bestreichen. Den Teig aufrollen. Übereinanderliegenden Teig leicht andrücken.

Eine flache Auflaufform ausfetten und die Teigröllchen hineinlegen. Im vorgeheizten Backofen (E-Herd: 200°/ Gasherd: Stufe 3/Umluft: 180°) ca. 20 Minuten backen.

Saure Sahne mit dem ganzen Ei, dem Eigelb, Zucker und Vanillin-Zukker verquirlen. Auf die Preiselbeer-Röllchen gießen und weitere 10–15 Minuten goldgelb backen. Noch heiß servieren.

Zubereitungszeit ca. 1 ½ Stunden

Unser Tip

Besonders hübsch sehen die Röllchen aus, wenn Sie die Teigquadrate noch mit einem Teigrädchen ausradeln. Es gibt sie im Fachhandel zu kaufen.

Mehl
Zucker.

Gemischter Obstsalat mit Kiwis und Beeren

Zutaten:
- 3 Neuseeland-Kiwis
- 2 Pfirsiche
- ½ Honigmelone
- 125 g Erdbeeren
- 125 g Brombeeren
- 1 unbehandelte Zitrone
- 4 EL Cream Sherry
- 1 EL Zucker
- 1 Päckchen Vanillin-Zucker
- Zitronenmelisse zum Garnieren

Kiwis schälen und in Scheiben schneiden. Pfirsiche kurz in kochendes Wasser geben, mit kaltem Wasser abschrecken, die Haut abziehen, Früchte halbieren, entsteinen und in Spalten schneiden. Honigmelone halbieren, entkernen und mit einem Kugelausstecher Bällchen aus dem Fruchtfleisch ausstechen. Erdbeeren waschen und putzen. Brombeeren verlesen und eventuell vorsichtig abspülen. Früchte in eine Schüssel geben.

Zitrone waschen, trockenreiben und die Hälfte der Schale abraspeln. Zitrone auspressen. Cream Sherry, Zitronensaft und -schale, Zucker und Vanillin-Zucker verrühren.

Sherry-Soße über die Früchte geben und diese leicht darin schwenken. 30 Minuten durchziehen lassen. Obstsalat mit Zitronenmelisse garniert servieren.

Zubereitungszeit ca. 30 Minuten (ohne Wartezeit)

Unser Tip

Tränken Sie doch eine Scheibe Sandkuchen (fertig gekauft) mit der Sherry-Soße und geben etwas Obstsalat und geschlagene Sahne darauf. Das ist ein »schnelles« Stückchen Kuchen zu einer Tasse Kaffee.

Schokoladencreme mit Löffelbiskuits

Zutaten für 8 Personen:
- 200 g Halbbitter-Kuvertüre (Schwartau)
- 100 g Butter
- 70 g Puderzucker
- 1 Prise Salz
- 4 Eigelb
- 6 Beutel Rum-back
- 150-200 g Löffelbiskuits
- 1 kleine Mango
- 1 Kiwi

Die Kuvertüre im heißen Wasserbad schmelzen. Butter cremig rühren. Puderzucker und die Prise Salz zufügen und so lange weiterrühren, bis sich der Zucker gelöst hat. Eigelb nach und nach unterrühren, zuletzt die geschmolzene Kuvertüre.

175 ml Wasser und Rum-back in einer flachen Schale mischen. Ein Drittel der Löffelbiskuits kurz in die Rum-Mischung eintauchen. Auf einer länglichen Servierplatte nebeneinander auslegen. Ein Drittel Schoko-Mischung darauf verteilen. Wieder ein Drittel Löffelbiskuits in die Rum-Mischung tauchen, auflegen und Schoko-Mischung aufstreichen und noch einmal wiederholen. Mit einem Teelöffel durch die letzte Schicht Schoko-Mischung »Spitzen« ziehen. Im Kühlschrank in etwa 3 Stunden fest werden lassen.

Mango schälen und in Spalten vom Kern lösen. Kiwi schälen und in Scheiben schneiden. Die Schokocreme damit garnieren.

Zubereitungszeit ca. 40 Minuten (ohne Wartezeit)

Unser Tip

Wer die Creme nicht ganz so bitter mag, nimmt statt der 200 g halbbitteren Kuvertüre 100 g Vollmilch- oder 100 g Halbbitter-Kuvertüre.

Kiwi-Grütze mit Eierlikör-Creme

Zutaten:
- 5 Neuseeland-Kiwis (ca. 500 g)
- ¼ l Weißwein
- 40 g Speisestärke
- ¼ l Apfelsaft
- 70 g Zucker
- 1 Stück unbehandelte Orangenschale
- Mark einer halben Vanilleschote
- 2 EL Curaçao
- 1 Becher (150 g) Crème fraîche
- 4 EL Eierlikör
- 1 Päckchen Vanillin-Zucker

Kiwis schälen. 4 Scheiben zum Garnieren zurückbehalten. Übrige Kiwis in kleine Stücke schneiden. Drei Eßlöffel Wein abnehmen und die Speisestärke damit glattrühren. Restlichen Wein, Apfelsaft, Zucker, Orangenschale und Vanillemark aufkochen. Mit der angerührten Speisestärke binden und gut durchkochen lassen. Orangenschale entfernen und Curaçao zufügen.

⅔ Kiwis ganz kurz im Mixer pürieren, damit die schwarzen Kernchen nicht zerschlagen werden. Fruchtpüree und die übrigen Kiwistücke in dem angedickten Saft verrühren. In Gläser füllen und kalt stellen.

Crème fraîche und Eierlikör verrühren. Mit Vanillin-Zucker süßen. Die Soße auf die Kiwi-Grütze geben, mit den beiseite gelegten Kiwischeiben garnieren und sofort servieren.

Zubereitungszeit ca. 25 Minuten (ohne Wartezeit)

Unser Tip

Rohe Kiwis enthalten ein Enzym, das Milchprodukte in Verbindung mit den Früchten bitter werden läßt. Deshalb diese Speise erst kurz vor dem Servieren garnieren.

Kaffee-Parfait für Feinschmecker

Zutaten für 6-8 Personen:

- 1 Vanilleschote
- ¼ l Milch
- 6 Eigelb
- 175 g Zucker
- 4 EL löslicher Kaffee
- 1 Prise Salz
- 2 Becher (à 200 g) Schlagsahne
- 2 EL Puderzucker
- Pergamentpapier für die Förmchen

Unser Tip

Die Grundlage eines Parfaits ist immer eine Milch-Sahne-Eicreme mit verschiedenen Geschmackszutaten. Parfaits werden halbgefroren serviert.

Vanilleschote längs halbieren. In der Milch aufkochen.

Eigelb und Zucker mit den Schneebesen des Handrührgerätes dick schaumig schlagen. Vanilleschote aus der Milch nehmen. Die Milch langsam zu der Eigelbmasse gießen. Löslichen Kaffee und eine Prise Salz zufügen. Bei schwacher Hitze (oder im heißen Wasserbad) so lange rühren, bis eine dickliche Creme entsteht. Nicht kochen lassen.

Die Creme unter gelegentlichem Rühren auskühlen lassen. 6-8 Soufflé-förmchen mit Pergamentpapier (4-5 cm höher als die Förmchen) umwickeln und das Papier mit Klebestreifen befestigen. Sahne steif schlagen und unter die Eigelbcreme ziehen.

Kaffee-Creme in die Förmchen füllen und im Gefriergerät 4-5 Stunden gefrieren lassen. Pergamentpapier entfernen. Das Kaffee-Parfait mit Puderzucker bestäubt servieren.

Zubereitungszeit ca. 30 Minuten (ohne Wartezeit)

Rezepte